政务数据共享条例

中国法治出版社

政务数据共享条例
ZHENGWU SHUJU GONGXIANG TIAOLI

经销/新华书店
印刷/保定市中画美凯印刷有限公司
开本/850 毫米×1168 毫米　32 开　　　　　　印张/0.75　字数/8 千
版次/2025 年 6 月第 1 版　　　　　　　　　　2025 年 6 月第 1 次印刷

中国法治出版社出版
书号 ISBN 978-7-5216-5356-4　　　　　　　　　定价：5.00 元

北京市西城区西便门西里甲 16 号西便门办公区
邮政编码：100053　　　　　　　　　　传真：010-63141600
网址：http://www.zgfzs.com　　　编辑部电话：010-63141673
市场营销部电话：010-63141612　　　印务部电话：010-63141606

（如有印装质量问题，请与本社印务部联系。）

目　　录

中华人民共和国国务院令（第 809 号）············（1）
政务数据共享条例·······································（2）

中华人民共和国国务院令

第 809 号

《政务数据共享条例》已经 2025 年 5 月 9 日国务院第 59 次常务会议通过,现予公布,自 2025 年 8 月 1 日起施行。

总理　李强

2025 年 5 月 28 日

政务数据共享条例

第一章 总 则

第一条 为了推进政务数据安全有序高效共享利用,提升政府数字化治理能力和政务服务效能,全面建设数字政府,根据《中华人民共和国网络安全法》、《中华人民共和国数据安全法》、《中华人民共和国个人信息保护法》等法律,制定本条例。

第二条 政府部门和法律、法规授权的具有管理公共事务职能的组织(以下统称政府部门)之间政务数据共享以及相关安全、监督、管理等工作,适用本条例。

第三条 本条例所称政务数据,是指政府部门在依法履行职责过程中收集和产生的各类数据,但不包括属于国家秘密、工作秘密的数据。

本条例所称政务数据共享,是指政府部门因依法履行职责需要，使用其他政府部门的政务数据或者为其他政府部门提供政务数据的行为。

第四条　政务数据共享工作应当坚持中国共产党的领导，贯彻总体国家安全观，统筹发展和安全，遵循统筹协调、标准统一、依法共享、合理使用、安全可控的原则。

第五条　开展政务数据共享工作，应当遵守法律法规，履行政务数据安全保护义务，不得危害国家安全、公共利益，不得损害公民、法人和其他组织的合法权益。

第六条　国家建立政务数据共享标准体系，推进政务数据共享工作标准化、规范化。

第七条　国家鼓励政务数据共享领域的管理创新、机制创新和技术创新，持续提升政务数据共享效率、应用水平和安全保障能力。

第二章　管理体制

第八条　各级人民政府应当加强对政务数据共享工作的组织领导。

国务院政务数据共享主管部门负责统筹推进全国政务数据共享工作。

县级以上地方人民政府政务数据共享主管部门负责统筹推进本行政区域内政务数据共享工作。

国务院各部门负责本部门政务数据共享工作，协调指导本行业、本领域政务数据共享工作。

第九条 政务数据共享主管部门应当会同其他政府部门研究政务数据共享中的重大事项和重要工作，总结、推广政务数据共享的典型案例和经验做法，协调推进跨层级、跨地域、跨系统、跨部门、跨业务政务数据安全有序高效共享利用。

第十条 政府部门应当落实政务数据共享主体责任，建立健全本部门政务数据共享工作制度，组织研究解决政务数据共享工作中的重大问题。

第十一条 政府部门应当明确本部门政务数据共享工作机构。政务数据共享工作机构负责本部门政务数据共享具体工作，履行以下职责：

（一）组织编制、更新和维护本部门政务数据目录；

（二）组织提出本部门政务数据共享申请，组织审核针对本部门政务数据的共享申请，协调并共享本部门政务数据；

（三）确保本部门提供的政务数据符合政务数据共享标准规范；

（四）组织提出或者处理涉及本部门的政务数据校核申请；

（五）建立健全本部门政务数据共享中数据安全和个人信息保护制度，组织开展本部门政务数据共享安全性评估；

（六）本部门其他与政务数据共享相关的工作。

第三章　目录管理

第十二条　政务数据实行统一目录管理。国务院政务数据共享主管部门制定政务数据目录编制标准规范，组织编制国家政务数据目录。县级以上地方人民政府政务数据共享主管部门组织编制本行政区域内的政务数据目录。

政府部门应当依照本部门职责，按照政务数据目录编制标准规范，编制本部门政务数据目录。

第十三条 政府部门编制政务数据目录,应当依法开展保密风险、个人信息保护影响等评估,并经部门负责人审核同意。

政务数据目录应当明确数据目录名称、数据项、提供单位、数据格式、数据更新频率以及共享属性、共享方式、使用条件、数据分类分级等信息。

第十四条 政务数据按照共享属性分为无条件共享、有条件共享和不予共享三类:

(一)可以提供给所有政府部门共享使用的政务数据属于无条件共享类;

(二)可以按照一定条件提供给有关政府部门共享使用的政务数据属于有条件共享类;

(三)法律、行政法规以及国务院决定明确规定不能提供给其他政府部门共享使用的政务数据属于不予共享类。

第十五条 政府部门应当科学合理确定政务数据共享属性,不得通过擅自增设条件等方式阻碍、影响政务数据共享。

对属于有条件共享类的政务数据,政府部门应当在政务数据目录中列明共享范围、使用用途等共享使用条件。对属于不予共享类的政务数据,政府部门应当在政务数据目录中列明理由,并明确相应的法律、行政法规以及国务院决定依据。

第十六条 政府部门应当将编制的政务数据目录报送同级政务数据共享主管部门审核。政务数据共享主管部门审核通过后统一向政府部门通告。

政府部门应当对照统一发布的政务数据目录,丰富政务数据资源,保障政务数据质量,依法共享政务数据。

第十七条 政务数据目录实行动态更新。

因法律、行政法规、国务院决定调整或者政府部门职责变化导致政务数据目录需要相应更新的,政府部门应当自调整、变化发生之日起10个工作日内对政务数据目录完成更新,并报送同级政务数据共享主管部门审核。因特殊原因需要延长更新期限的,经同级政务数据共享主管部门同意,可以延长5个工作日。

政务数据共享主管部门应当自收到更新后的政务数据目录之日起2个工作日内完成审核并发布。

第四章 共享使用

第十八条 政府部门应当建立健全政务数据全过程质量管理体系，提高政务数据质量管理能力，加强政务数据收集、存储、加工、传输、共享、使用、销毁等标准化管理。

第十九条 政府部门应当按照法定的职权、程序和标准规范收集政务数据。通过共享获取政务数据能够满足履行职责需要的，政府部门不得向公民、法人和其他组织重复收集。

政务数据收集工作涉及多个政府部门的，政务数据共享主管部门应当明确牵头收集的政府部门并将其作为数源部门。数源部门应当加强与其他有关政府部门的协同配合、信息沟通，及时完善更新政务数据，保障政务数据的完整性、准确性和可用性，并统一提供政务数据共享服务。

第二十条 政务数据共享主管部门应当建立政务数据共享供需对接机制，明确工作流程。

政务数据需求部门应当根据履行职责需要，按照统一发布的政务数据目录，经本部门政务数据共享工作机构负责人同意后，依法提出政务数据共享申请，明确使用依据、使用场景、使用范围、共享方式、使用时限等，并保证政务数据共享申请的真实性、合法性和必要性。

政务数据提供部门应当按照本条例第二十一条规定的期限对政务数据需求部门提出的政务数据共享申请进行审核，经本部门政务数据共享工作机构负责人同意后作出答复。

第二十一条 政务数据需求部门申请共享的政务数据属于无条件共享类的，政务数据提供部门应当自收到政务数据共享申请之日起1个工作日内作出答复；属于有条件共享类的，应当自收到政务数据共享申请之日起10个工作日内作出是否同意共享的答复。因特殊原因需要延长答复期限的，政务数据提供部门应当报经同级政务数据共享主管部门同意，并告知政务数据需求部门，延长的期限最长不得超过10个工作日。

政务数据需求部门提交的申请材料不全的，政务数据提供部门应当一次性告知其需要补充的材料，不得直接予以拒绝。政务数据提供部门不同意共享的，应当说明理由。

第二十二条 政务数据提供部门应当自作出同意共享的答复之日起20个工作日内共享政务数据。

政务数据提供部门可以通过服务接口、批量交换、文件下载等方式向政务数据需求部门共享政务数据。

第二十三条 国家鼓励各级政府部门优化政务数据共享审核流程，缩短审核和提供共享政务数据的时间。

第二十四条 上级政府部门应当根据下级政府部门履行职责的需要，在确保政务数据安全的前提下，及时、完整回流业务信息系统收集和产生的下级政府行政区域内的政务数据，并做好系统对接和业务协同，不得设置额外的限制条件。

下级政府部门获得回流的政务数据后，应当按照履行职责的需要共享、使用，并保障相关政务数据安全。

第二十五条 政府部门通过共享获得政务数据的，不得擅自扩大使用范围以及用于或者变相用于其他目的，不得擅自将获得的政务数据提供给第三方。确需扩大使用范围、用于其他目的或者提供给第三方的，应当经政务数据提供部门同意。

政务数据共享主管部门以及其他政府部门应当采取措施防范政务数据汇聚、关联引发的泄密风险。

第二十六条　国务院政务数据共享主管部门应当统筹建立政务数据校核纠错制度。

政府部门应当依照本部门职责，建立政务数据校核纠错规则，提供纠错渠道。政务数据需求部门应当记录政务数据使用状态，发现政务数据不准确或者不完整的，应当及时向政务数据提供部门提出政务数据校核申请。政务数据提供部门应当自收到政务数据校核申请之日起10个工作日内予以核实、更正并反馈校核处理结果。

第二十七条　政务数据需求部门通过共享获取的政务数据，共享目的已实现、无法实现或者为实现共享目的不再必要的，应当按照政务数据提供部门的要求妥善处置。

政务数据需求部门存在擅自超出使用范围、共享目的使用政务数据，或者擅自将政务数据提供给第三方的，政务数据共享主管部门或者政务数据提供部门应当暂停其政务数据共享权限，并督促限期整改，对拒不整改或者整改不到位的，可以终止共享。

政务数据提供部门无正当理由，不得终止或者变更已提供的政务数据共享服务。确需终止或者变更服务的，政务数据提供部门应当与政务数据需求部门协商，并报同级政务数据共享主管部门备案。

第二十八条　政务数据共享主管部门应当建立健全政务数据共享争议解决处理机制。

同级政务数据需求部门、政务数据提供部门发生政务数据共享争议的，应当协商解决；协商不成的，应当按照程序向同级政务数据共享主管部门申请协调处理。跨层级、跨地域的政务数据共享发生争议的，由共同的上级政务数据共享主管部门协调处理。经政务数据共享主管部门协调处理仍未达成一致意见的，报政务数据共享主管部门的本级人民政府决定。

第二十九条　政务数据共享主管部门应当对政务数据共享情况进行监督检查，并可以对违反本条例规定的行为予以通报。

政务数据需求部门应当对共享政务数据的使用场景、使用过程、应用成效、存储情况、销毁情况等进行记录,有关记录保存期限不少于3年。政务数据共享主管部门和政务数据提供部门可以查阅政务数据需求部门有关记录。法律、行政法规另有规定的,从其规定。

第五章　平台支撑

第三十条　国家统筹数据基础设施建设,提高政务数据安全防护能力,整合构建标准统一、布局合理、管理协同、安全可靠的全国一体化政务大数据体系。

国务院政务数据共享主管部门统筹全国一体化政务大数据体系的建设和管理工作,负责整合构建国家政务大数据平台,实现与国务院有关部门政务数据平台、各地区政务数据平台互联互通,为政务数据共享提供平台支撑。

县级以上地方人民政府政务数据共享主管部门负责本行政区域政务数据平台建设和管理工作,按需向乡镇（街道）、村（社区）共享政务数据。

国务院有关部门负责建设、优化本部门政务数据平台，可以支撑本行业、本领域的政务数据共享工作。未建设政务数据平台的，可以通过国家政务大数据平台开展本部门政务数据共享工作。

第三十一条　政府部门已建设的政务数据平台应当纳入全国一体化政务大数据体系。除法律、行政法规另有规定外，原则上不得通过新建政务数据共享交换系统开展跨层级、跨地域、跨系统、跨部门、跨业务的政务数据共享工作。

第三十二条　政府部门应当通过全国一体化政务大数据体系开展政务数据共享相关工作。

第三十三条　国家鼓励和支持大数据、云计算、人工智能、区块链等新技术在政务数据共享中的应用。

第六章　保障措施

第三十四条　政务数据共享主管部门应当会同同级网信、公安、国家安全、保密行政管理、密码管理等部门，根据数据分类分级保护制度，推进政务数据共享安全管理制度建设，按照谁管理谁负责、谁使用谁负责的原则，明确政务数据共享各环节安全责任主体，督促落实政务数据共享安全管理责任。

政务数据需求部门在使用依法共享的政务数据过程中发生政务数据篡改、破坏、泄露或者非法利用等情形的，应当承担安全管理责任。

第三十五条 政府部门应当建立健全政务数据共享安全管理制度，落实政务数据共享安全管理主体责任和政务数据分类分级管理要求，保障政务数据共享安全。

政府部门应当采取技术措施和其他必要措施，防止政务数据被篡改、破坏、泄露或者非法获取、非法利用。

政府部门应当加强政务数据安全风险监测，发生政务数据安全事件时，立即启动应急预案，采取相应的应急处置措施，防止危害扩大，消除安全隐患，并按照规定向有关主管部门报告。

第三十六条 政府部门委托他人参与建设、运行、维护政府信息化项目，存储、加工政务数据，应当按照国家有关规定履行批准程序，明确工作规范和标准，并采取必要技术措施，监督受托方履行相应的政务数据安全保护义务。受托方应当依照法律、行政法规的规定和合同约定履行政务数据安全保护义务，不得擅自访问、获取、留存、使用、泄露或者向他人提供政务数据。

政务数据平台建设管理单位应当依照法律、行政法规的规定和国家标准的强制性要求，保障平台安全、稳定运行，维护政务数据安全。

第三十七条　政府部门及其工作人员在开展涉及个人信息的政务数据共享活动时，应当遵守《中华人民共和国个人信息保护法》、《网络数据安全管理条例》等法律、行政法规的规定。

公民、法人和其他组织有权对政务数据共享过程中侵犯其合法权益的行为进行投诉、举报，接到投诉、举报的政府部门应当按照规定及时处理。

第三十八条　县级以上人民政府应当将政务数据共享工作所需经费列入本级预算。县级以上人民政府及其有关部门应当对政务数据共享相关经费实施全过程预算绩效管理。政务数据共享情况应当作为确定政府信息化项目建设投资、运行维护经费和项目后评价结果的重要依据。

政务数据共享主管部门应当加强对本行政区域内政务数据提供部门数据共享及时性和数据质量情况、政务数据需求部门数据应用情况和安全保障措施等的监督，并向本级人民政府报告。

第七章　法律责任

第三十九条　政务数据提供部门违反本条例规定，有下列情形之一的，由同级政务数据共享主管部门责令改正；拒不改正或者情节严重的，对负有责任的领导人员和直接责任人员依法给予处分：

（一）未按照要求编制或者更新政务数据目录；

（二）通过擅自增设条件等方式阻碍、影响政务数据共享；

（三）未配合数源部门及时完善更新政务数据；

（四）未按时答复政务数据共享申请或者未按时共享政务数据，且无正当理由；

（五）未按照规定将业务信息系统收集和产生的

下级政府行政区域内的政务数据回流至下级政府部门；

（六）收到政务数据校核申请后，未按时核实、更正；

（七）擅自终止或者变更已提供的政务数据共享服务；

（八）未按照规定将已建设的政务数据平台纳入全国一体化政务大数据体系；

（九）违反本条例规定的其他情形。

第四十条　政务数据需求部门违反本条例规定，有下列情形之一的，由同级政务数据共享主管部门责令改正；拒不改正或者情节严重的，对负有责任的领导人员和直接责任人员依法给予处分：

（一）重复收集可以通过共享获取的政务数据；

（二）擅自超出使用范围、共享目的使用通过共享获取的政务数据；

（三）擅自将通过共享获取的政务数据提供给第三方；

（四）共享目的已实现、无法实现或者为实现共享目的不再必要，未按照要求妥善处置通过共享获取的政务数据；

（五）未按照规定保存通过共享获取的政务数据有关记录；

（六）未对通过共享获取的政务数据履行安全管理责任；

（七）违反本条例规定的其他情形。

第四十一条 政务数据共享主管部门违反本条例规定，有下列情形之一的，由本级人民政府或者上级主管部门责令改正；拒不改正或者情节严重的，对负有责任的领导人员和直接责任人员依法给予处分：

（一）未按照规定明确数源部门；

（二）未按照规定对政务数据共享争议进行协调处理；

（三）违反本条例规定的其他情形。

第四十二条 政府部门及其工作人员泄露、出售或者非法向他人提供政务数据共享工作过程中知悉的个人隐私、个人信息、商业秘密、保密商务信息的，或者在政务数据共享工作中玩忽职守、滥用职权、徇私舞弊的，依法给予处分；构成犯罪的，依法追究刑事责任。

第八章　附　则

第四十三条　国家推动政府部门与其他国家机关参照本条例规定根据各自履行职责需要开展数据共享。

第四十四条　本条例自2025年8月1日起施行。